たとえば、どんなにつらくても、

「泣いちゃダメ！」って思ってしまうときに ――

GIRL'S BLUE《ガールズ・ブルー》

ナミダのあとに虹をかける女子コトバ

ETSUKO

泣きたかった。
でも…

泣かなかった。

だからずっと、
苦しかったんだ。

今はまだ、
「虹色」が眩しすぎるあなたへ—

この本は、今まで一所懸命がんばって、
おりこうで、しっかりした女の子を演じてきたあなたに、
いちばん必要なことを伝えるためにつくった本です。

無責任に「がんばれ！」とも言わない。
根拠なく「ダイジョウブ！」とも言わない。
言えないし、言いたくない。

その代わり、今のあなたの気持ちに合うような
別のコトバや風景を用意することならできるかもしれない。

気持ちに寄り添うコトバと風景を心に染み込ませることで、
あなたが少しずつ、ナミダを受け入れて、
虹をかけることができますように。

そんな想いと祈りをもって、編みました。

今はまだ、「虹色」は眩しいかもしれない。

でも、虹色だって、ひとつひとつの色はただの色。
一色一色、ゆっくりじっくり、
時間をかけて描けばいいのです。

そうやって、丁寧に描いていけば、
いつかとてもキレイな虹が、
目の前の空に描き上がっていくはず。

描き上がったら、最後に、虹色の橋を、
一緒に渡ってみてください。
あなたの大切な家族や友だちと。

その先に、もしもまた「どしゃぶりの雨」が降っても、
今度こそ、ダイジョウブ。

そのときには、
新しい虹を描くチカラが、
しっかりと自分のものに
なっているはずだから ——

「ダイジョウブだよ」なんて

軽々しく言ったりしない。

でも、
どしゃぶりのココロだって、

一緒に、受け止めるよ。

GIRL'S BLUE
– CONTENTS –

The words for

GIRL'S VIOLET

[泣きたいときも、あるよね？]

［泣きたいときも、あるよね？］

つらいとき、悲しいとき、
切ないとき、苦しいとき。
そして、
理由はよくわからないけれど、とにかく、
ただ、泣きたいとき。

がんばろうと思えば思うほど、
そういう瞬間が訪れるような気がする。

でも…、どうしてだろう。

この身体は、この感情は、
わたしに何を知らせようとしているんだろう。

今にもこぼれ落ちそうなナミダの粒に、訊きたい。
「あなたの意味を教えてください」と。

あふれる涙　あふれる涙
優しい君は
いっぱいもってる

「あふれる涙」歌：BEGIN　作詞：沢ちひろ　作曲：BEGIN

すばらしく　すばらしく
毎日が過ぎて
悲しみに出会う時は　涙を流そう

「愛について」歌：スガシカオ　作詞：SHIKAO SUGA　作曲：Shikao Suga

なくときは　くやしいの

かなしいんじゃなく

さびしいんじゃなく

ただ　もう　くやしいの

からだのなかがあつくなって

そとにそれはでていけなくて

もんどりうって

おおあばれして

ただ　もう　やみくもにくやしいの

『パンプルムース！』江國香織 著

「情熱の薔薇」歌：THE BLUE HEARTS　作詞・作曲：甲本ヒロト

答えはきっと奥の方
心のずっと奥の方
涙はそこからやって来る
心のずっと奥の方

もしもあなたが
花だとしたら、
咲けないときは、
咲かないで欲しい。

松本えつを（作家・イラストエッセイスト）

いいえ、もうこれ以上、お役には立てません

ジュリア・キャメロン（アメリカ合衆国のアーティスト）

特別なものに対しては
人は悲しいほど純情です

『君のそばで会おう』銀色夏生 著

でも、もし本気じゃないのなら、
お願いだから、私を放っておいて。
勝手に泣かせておいて。

『ロミオとジュリエット』（シェイクスピア著）より、ジュリエットのセリフ

忘れたいものは
絶対に
忘れられないんです

『沈黙』（村上春樹 著）より、大沢さんのセリフ

「さよなら大好きな人」歌：花*花　作詞・作曲：こじまいづみ

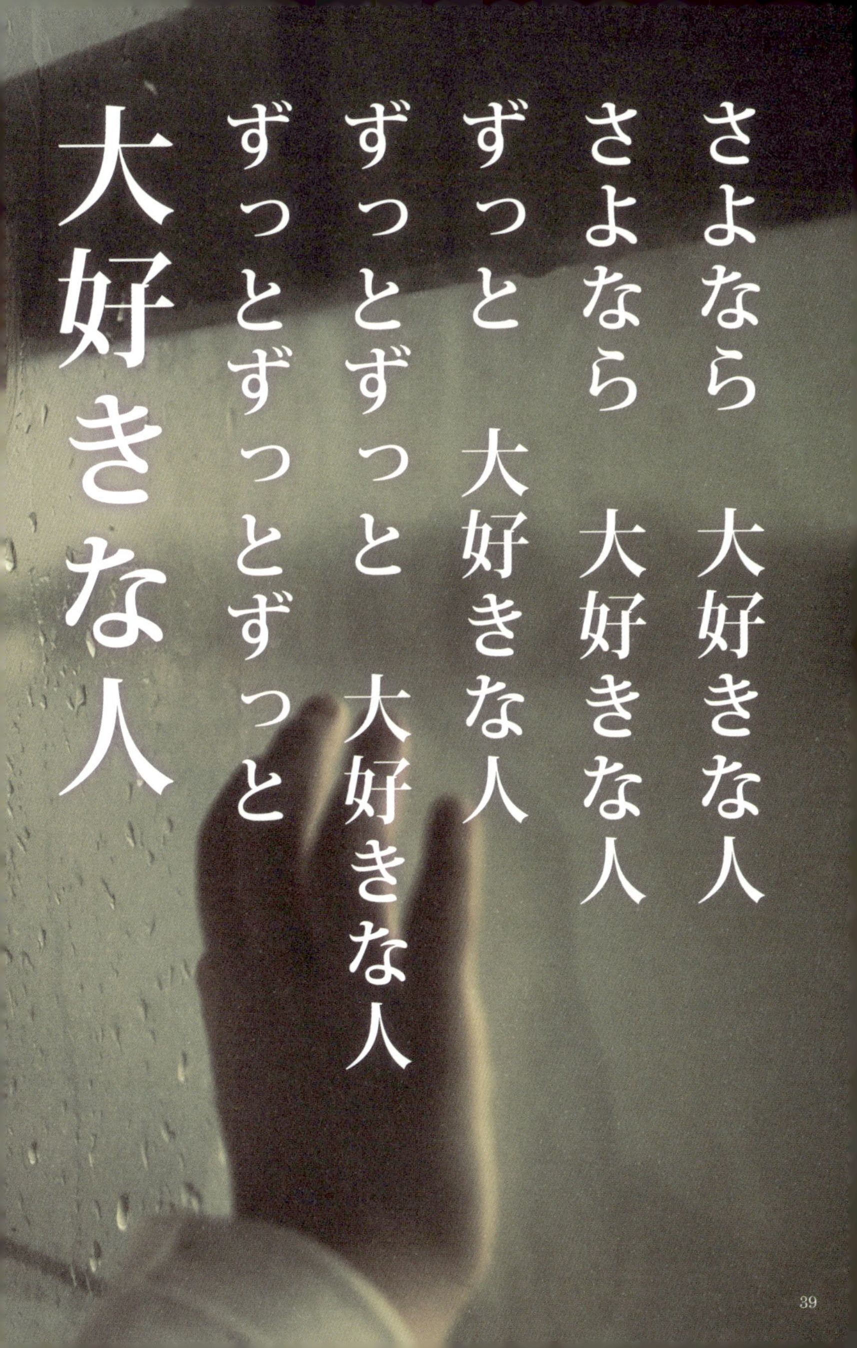

さよなら　大好きな人
さよなら　大好きな人
ずっと　大好きな人
ずっとずっと　大好きな人
ずっとずっとずっと
大好きな人

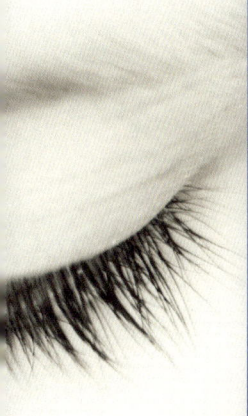

The words for

GIRL'S INDIGO

［どうして「泣いちゃダメ」って
思うんだろう］

「ナミダが必要なとき」に
「笑ってごらん」なんて言われても…、
やっぱり無理。

応えようとすればするほど、
自分の心と行動がずれて、ギクシャクしてしまうもの。

それなのに、どうして、
「泣いちゃダメ」って思うんだろう。
どうしてナミダの瓶にフタをしようとするんだろう。

心のどこかで、
「正しく行儀よくできなくてダメな人ね」って
思われるのが怖いから？
ガマンすることが美しいと思っているから？
おりこうで、芯の強い女の子でいれば、
誰にも迷惑がかからないから？

もしかしたら、
「泣いちゃダメ」って思わなくても、
いいんじゃないかな…。

顔で笑って
心で泣くこと。

ノーラ・エフロン（アメリカ合衆国の脚本家・映画監督）

ひとりぶんの
涙の量は決まっていて、
私のぶんは
使い果たしたのかも

映画「セックス・アンド・ザ・シティ」より、キャリー・ブラッドショーのセリフ

人前で
泣けなくなったら
もう大人

ドラマ「ラスト♡シンデレラ」中谷まゆみ 脚本

『君のそばで会おう』銀色夏生 著

最後にひとりで泣こうと思う

『アンソニーとクレオパトラ』（シェイクスピア 著）より、クレオパトラのセリフ

どうして、
今すぐ元気にならなくちゃいけないわけ？
こんな目にあったのに、
すぐに元気になれるわけないじゃない。

傷ついた原因が大きければ、
それだけ悲しみも大きいのに。

いいですか。
耐えるから、
おかしくなるのですよ。

花村萬月（作家）

WHO KNOWS?
WE LIVE IN A STRANGE WORLD,
DON'T WE?

分かるはずないでしょ？
訳分かんない世界に
生きてるんだものね？

漫画『ピーナッツ』より、ルーシーのセリフ

友達を大切にすることが
自分の負担になるような
「大切」は
ちょっとウソ

『週末、森で』（益田ミリ 著）より、早川さんのセリフ

行ったり来たりしてる
わたしの心は
何が本当かだなんて
誰にもわからない

「ペーパームーン」歌・作詞・作曲：小島麻由美

装うことは素敵。
けれど
装わされることは哀しい。

ココ・シャネル（フランスの女性ファッションデザイナー）

愚かな人に嫌われることを喜びなさい。

彼らに好かれることは侮辱でさえあるから。

フィリックス・レクエア（カナダの詩人）

「すべてを自分がやらなくちゃいけない」
という責任感は、

場合によっては
捨ててしまって
構わないの。

マツコ・デラックス（コラムニスト・女装タレント）

The words for

GIRL'S BLUE

［「ナミダのチカラ」を数えてみる］

GIRL'S BLUE
[「ナミダのチカラ」を数えてみる]

ひとりになって、思い切り泣いたとき、
気づいたことがある。

泣く前と、泣いたあとで、
わたしの環境は何ひとつ変わっていないのに、
わたし自身はちょっと変わったような気がした。

迷路の出口は見えないけれど、
進むべき方向にかすかな光が差した気がした。

全力で走ったわけじゃないのに、
心が気持ちいい汗をかいたような気がした。

きっとナミダが心の中の悪いものを
外に流し出してくれたんだ。

あんなにも避けていた「泣くこと」を
思い切ってやってみただけで、
心に映る風景まで変わるって、すごい。

ナミダができることって、
こんなにいっぱいあったんだ。

涙を流さなくちゃ、
始まらないことだって
あるんだよ

『スローグッドバイ』石田衣良 著

人はあらゆるものに勝つわけには
いかないんです。
人はいつか必ず負けます。

大事なのは
その深みを理解することなのです。

『沈黙』（村上春樹 著）より、大沢さんのセリフ

涙とともにパンを食べた者でなければ
人生の味はわからない。

ゲーテ（ドイツの詩人）

こぼれ落ちたナミダは
幸せの種になる。

作者不詳

男と女なんて
構造からして違うんだから、
わかり合えなくて当然。
わかり合えない相手に
遠慮するなんて、
もってのほかじゃないかしら？

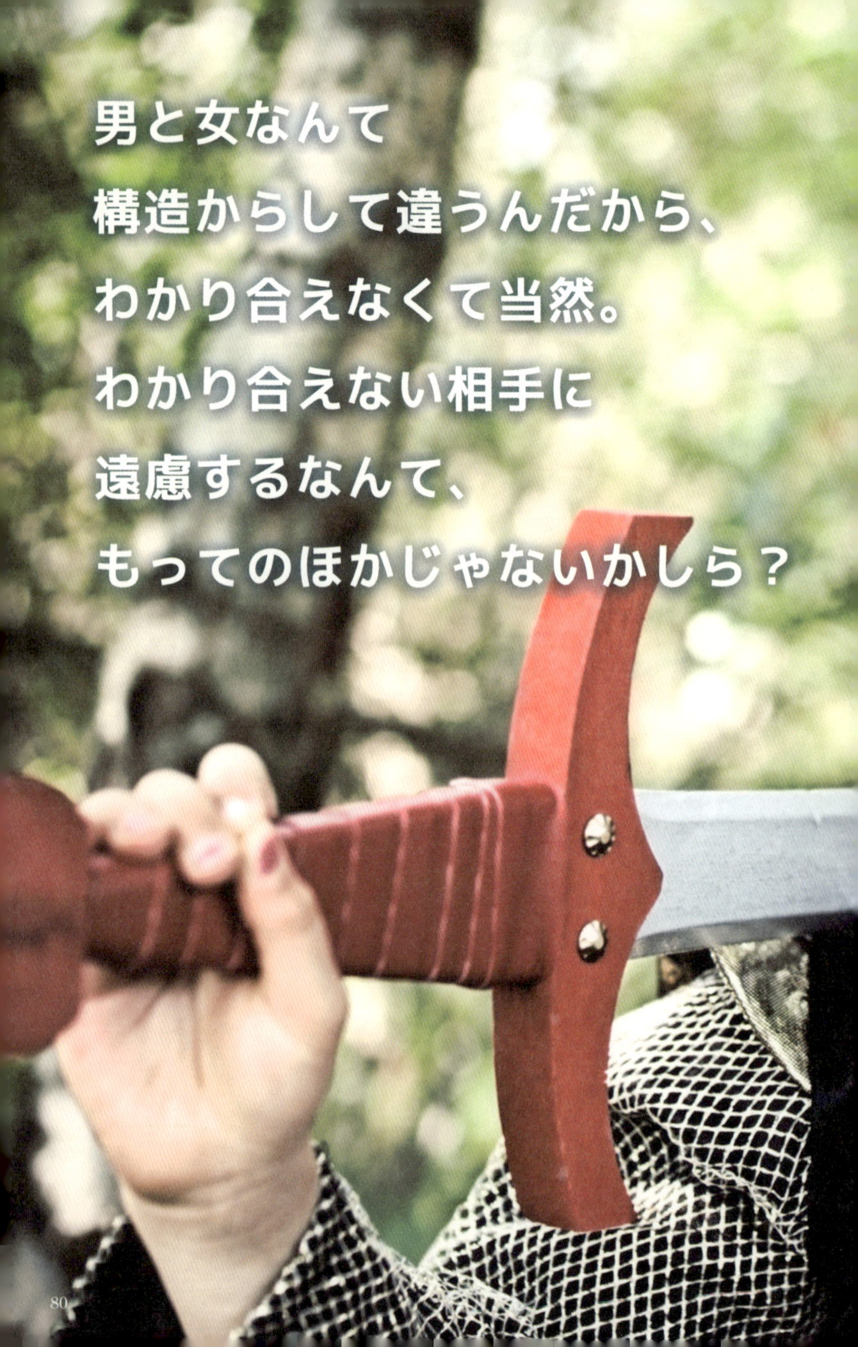

作者不詳

泣くことも
一種の快楽である。

モンテーニュ（フランスの哲学者）

なみだは
人間の作るいちばん小さな海です

寺山修司（歌人・劇作家）

虹が欲しけりゃ、
雨はがまんしなきゃ

ドリー・パートン（アメリカ合衆国のシンガーソングライター）

あなたは苦しんだ分だけ、
深い愛の人に育っているのですよ。

瀬戸内寂聴（小説家・天台宗の尼僧）

優しくするのをやめて
正直になる

ジュリア・キャメロン（アメリカ合衆国のアーティスト）

The words for

GIRL'S GREEN

［泣かなかったから、
ずっと苦しかったんだ］

泣きたかった。でも、泣かなかった。

だけど、そうしたところで、
いいことなんて、あまりなかった。
自分にも、周りにも。

それどころか、泣きたい気持ちは消えないまま、
悪い状態がずっと続いた。

きっと、
泣きたいってことは、ちゃんと心で生きてる証拠。
ナミダが出るってことは、悲しみと向き合ってる証拠。

そして、それに気づかないフリをしていた自分。

そうか。
泣かなかったから、ずっと苦しかったんだ。

女だからもろいんじゃない。
女はもともと
もろさからできている。
だから、あらがう必要はない。

『十二夜』（シェイクスピア 著）より、ヴァイオラのセリフ

いきなり頂上にはいけないので、

一歩、一歩です

上原ひろみ（ジャズピアニスト）

幸せは　雲の上に
幸せは　空の上に

上を向いて歩こう
涙が　こぼれないように
泣きながら歩く　一人ぽっちの夜

「上を向いて歩こう」歌：坂本九　作詞：永六輔　作曲：中村八大

悲しい感情さえも通り過ぎたときの透明感

齋藤孝（教育学者・作家）

そう、
自分が幸せかどうかは、
自分で決めるしかないのよ。

マツコ・デラックス（コラムニスト・女装タレント）

常に自分がここにいれば、

どこ行っても、

何を言われても平気だし、

私は私、大丈夫

沢尻エリカ（女優・歌手）

明日になれば、再び、
真っさらな一日が、
やってくるわ。

『ムーミンパパ海へいく』（トーベ・ヤンソン 著）より、ムーミンママのセリフ

The words for

GIRL'S YELLOW

［「ナミダのあと」に虹をかける］

［「ナミダのあと」に虹をかける］

思い切り泣いたからって、
すべてが一気に解決するわけじゃない。

でも、思い切り泣くことで初めて、
最初の一歩が踏み出せるんだ。

そして、次の一歩はもう少しラクに踏み出せるはず。

雨が上がったあとのように、
一瞬で生まれて、すぐに消えていく儚い虹もいいけれど、
時間をかけて一色ずつ描いて、仕上げていく虹もいい。

ひとつめの色を塗るまでは、
時間がかかるかもしれないけれど、
虹を仕上げるのはむずかしいことじゃないよ。

虹は丁寧に、一色ずつ描いていけばいい。

涙よ止まれ

さいごに笑顔を覚えておくため

「さよなら大好きな人」歌：花*花　作詞・作曲：こじまいづみ

ウーマン・リブって なんなのだ？

漫画『天才バカボン』より、バカボンのパパのセリフ

スタンダール（フランスの小説家）

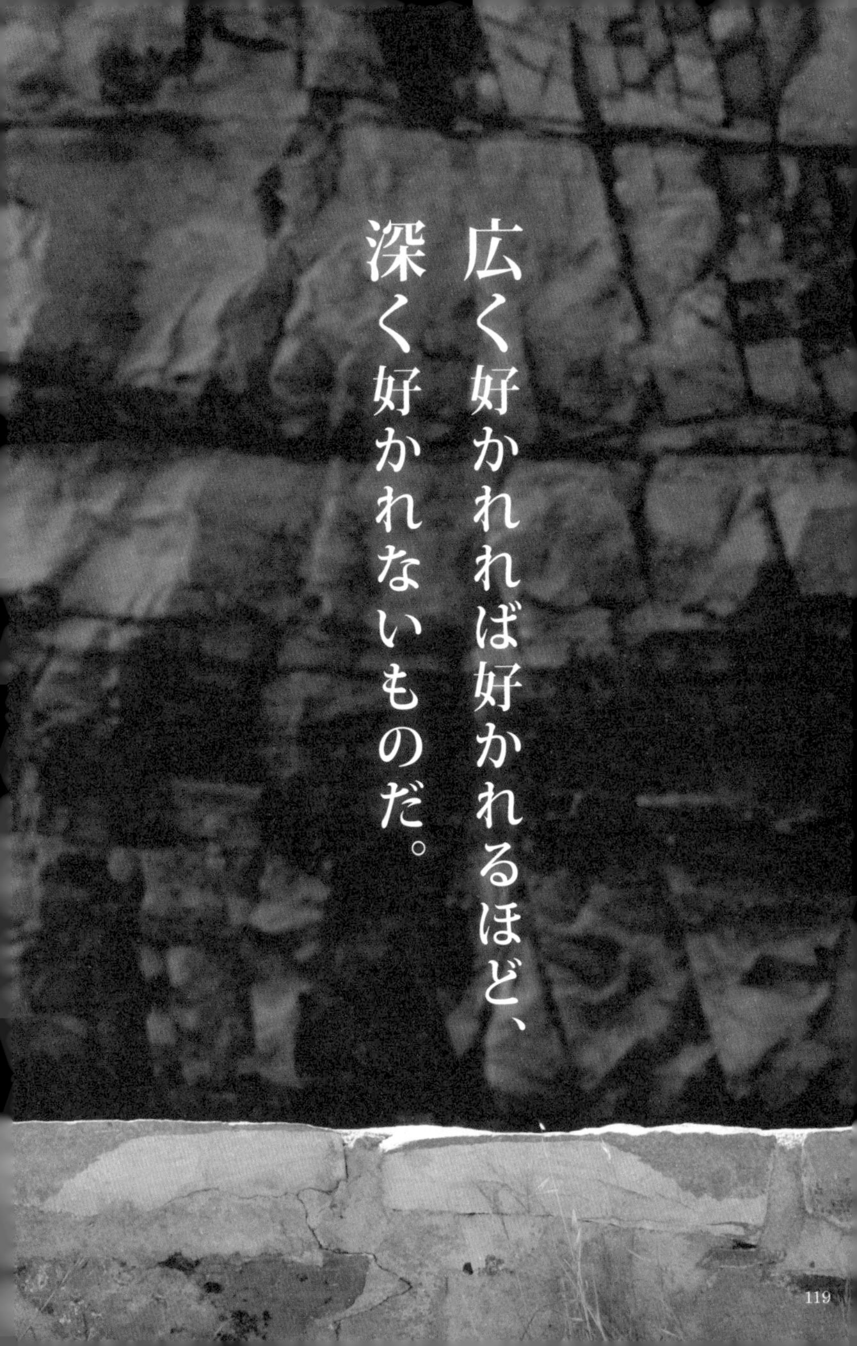

広く好かれれば好かれるほど、
深く好かれないものだ。

「みんな」という顔もわからない不特定多数に流されて、

本当の自分の考えを見失っちゃダメだ！

スプツニ子！（アーティスト）

ねたみや憎しみは、原動力。

幸せを人と比較する必要があるの？

マツコ・デラックス（コラムニスト・女装タレント）

だいたい、
知らない人とか、
好きでもないし、
リスペクトもしていない人に
どうこう言われても、

心底どうでもいいじゃん！

スプツニ子！（アーティスト）

見えるものを、見なさんな

美輪明宏（シンガーソングライター・俳優・演出家・タレント）

違う誰かのようになりたいと思わないのは

いい気分だ

『すーちゃん』（益田ミリ 著）より、すーちゃんのセリフ

結構！
おならができる女はまだ死んでないわ

ヴェルセリス夫人（フランスの伯爵夫人）

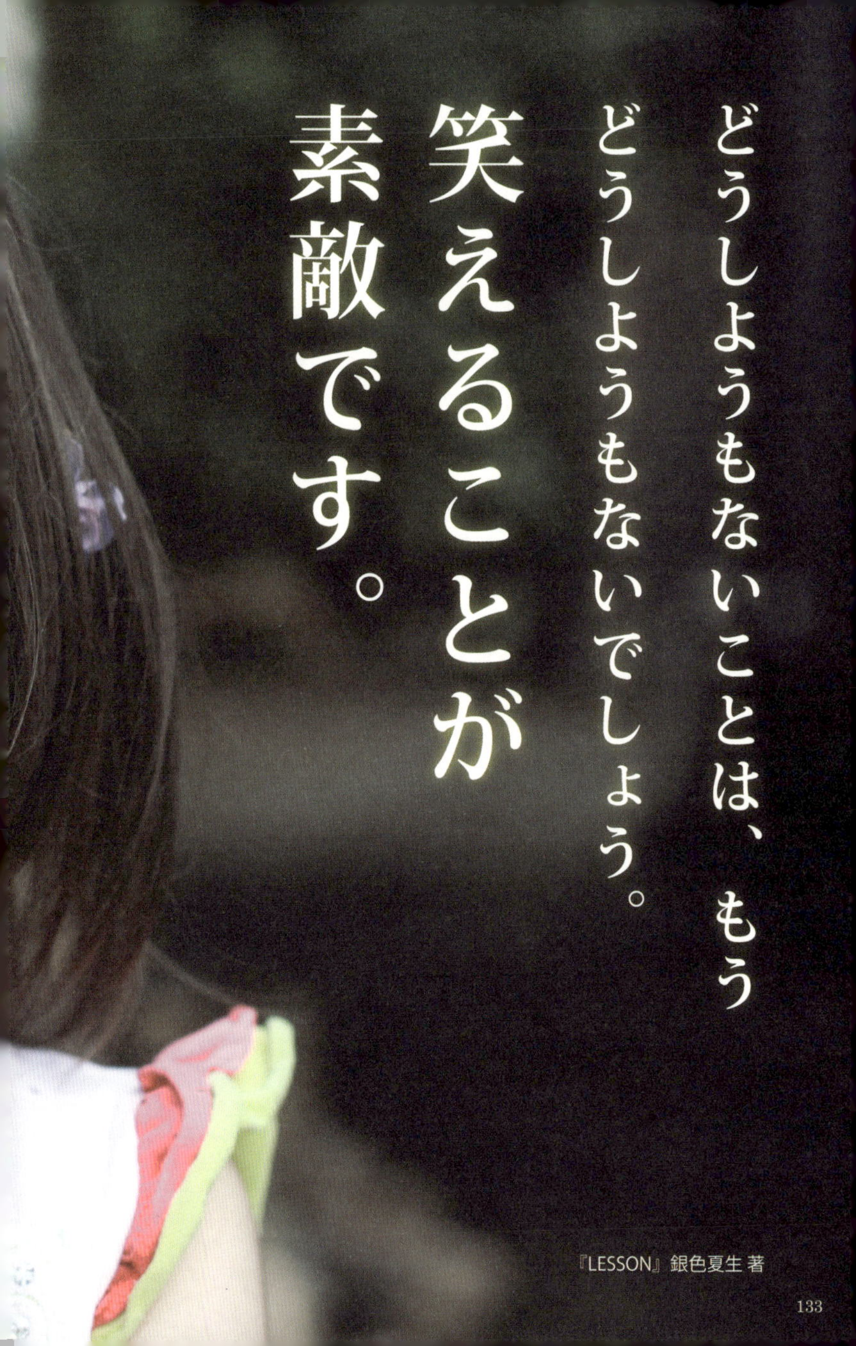

どうしようもないことは、もう
どうしようもないでしょう。
笑えることが
素敵です。

『LESSON』銀色夏生 著

大切なものだけは
無くなりゃしないのさ

「明日に向かって走れ」歌：エレファントカシマシ　作詞・作曲：宮本浩次

君はなんで
そんなに幸せな環境にいるのに、
やりたいことをやらないんだ？

山口絵里子（実業家・バッグデザイナー）

すべての規則に従ってたら、
楽しみなんて
何ひとつなくなるわ

キャサリン・ヘップバーン（アメリカ合衆国の女優）

教科書に書いてある事だけじゃわからない
大切な物が
きっとここにあるはずさ

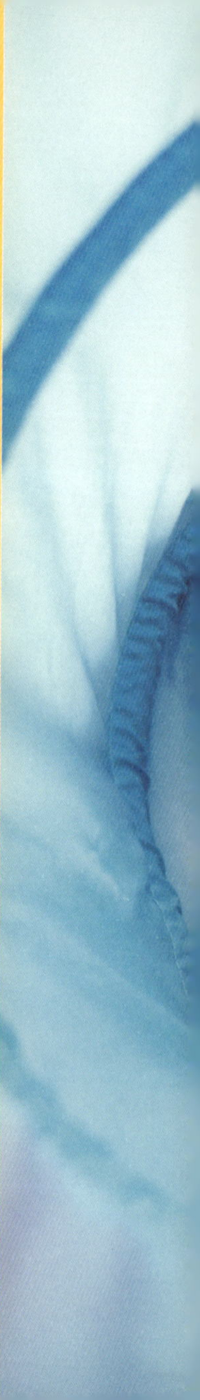

「島人ぬ宝」歌・作詞・作曲：BEGIN

次の日には
忘れちゃう。

黒柳徹子（女優・タレント・ユニセフ親善大使）

少しは反省もするんですよ。

でもね、

せめて夢見る力だけは、
失うまいと思っている。

乃南アサ（作家）

The words for

GIRL'S ORANGE

［友だちの「ナミダのあと」には？］

［友だちの「ナミダのあと」には？］

大切な友だちが悲しんでいるとき、
わたしに何ができるだろう。

無責任で軽はずみな励ましや慰めのセリフは、
けっして言わないようにしよう。

その代わり、少しのあいだ、ただ一緒に傷みを感じよう。
そして、ときには同じぶんのナミダを流そう。

わたしがそうしてほしかったように。

思い切り泣いたら、そのあと、
丁寧に、一色ずつ、虹を描いていこう。

わたしが泣いたあの日が、ときを経て、
大切な友だちのチカラにもなる。

あなたが悲しいのが
わたしにもわかるのは

いつかのわたしが
あなただったときがあるから。

さくらももこ（漫画家・エッセイスト）

負けたときは、負けたことに向き合う。
痛いときは、痛みをじっと受け入れる。
止まっているように見えるだろうけれど、
それがいちばんの近道。

作者不詳

涙でいっぱいの
蝶のようなあなた

カルロス・ペリセール（メキシコの詩人）

「Brave」歌：ナオト・インティライミ
作詞：ナオト・インティライミ /SHIKATA　作曲：ナオト・インティライミ

無理して我慢して生きてても
明日はやってくるけれど笑えない

誰かと比べる必要なんてない
キミはキミのままでいいんだよ

NEVER TAKE ANY ADVICE THAT
YOU CAN UNDERSTAND...
IT CAN'T POSSIBLY BE ANY GOOD!

理解できるような助言は
きかないこと…
ぜんぜん役に立たないに
きまっているわ！

漫画『ピーナッツ』より、ルーシーのセリフ

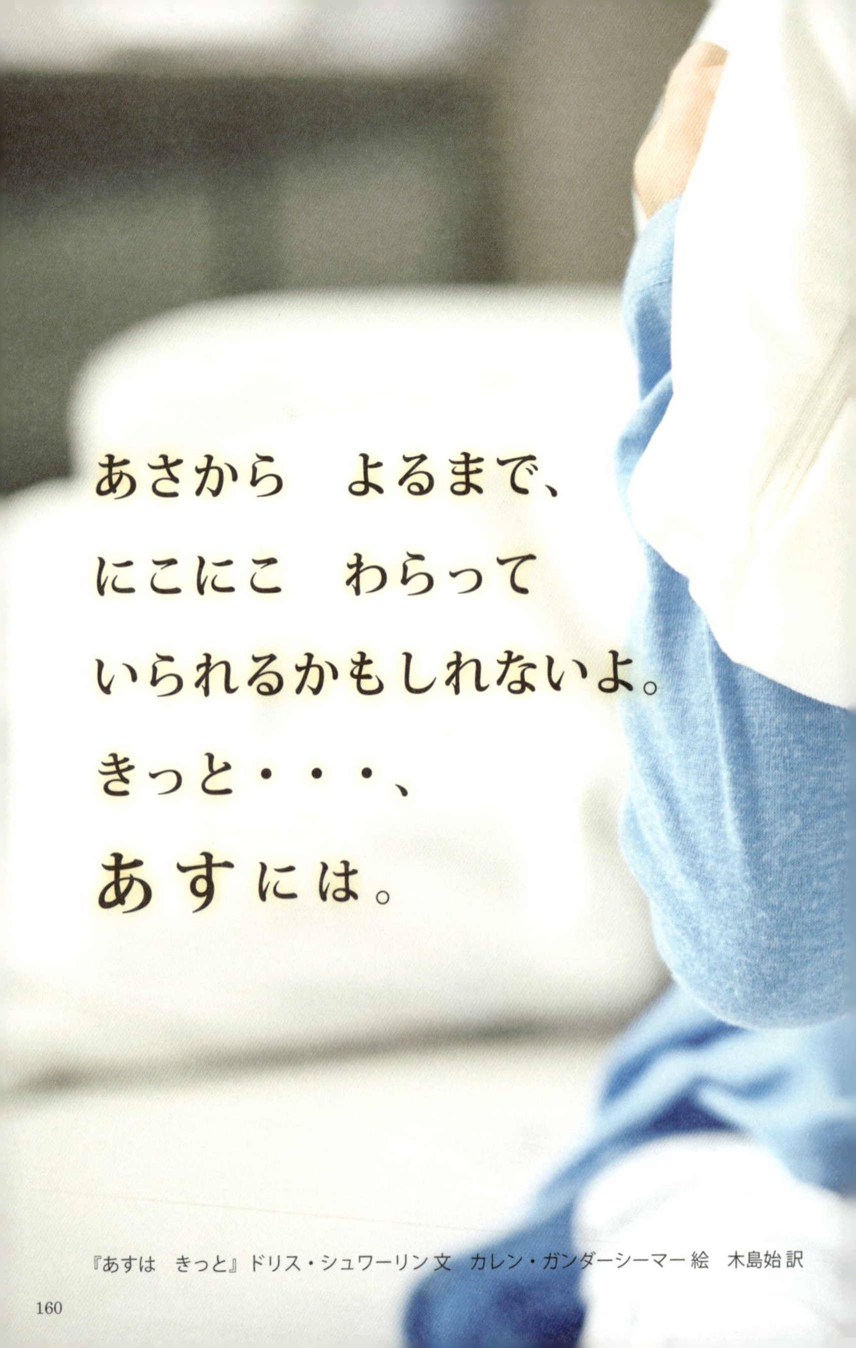

あさから　よるまで、
にこにこ　わらって
いられるかもしれないよ。
きっと・・・、
あすには。

『あすは　きっと』ドリス・シュワーリン文　カレン・ガンダーシーマー絵　木島始訳

今、必要なのは、
傷を覆い隠す技術よりも
自分のチカラで治す勇気。

絆創膏を貼ったままでは
傷口はなかなか治らない。
それと同じだと思うの。

だから、風に吹かれながら
泣いてみる。

自分のチカラで
泣いてみる。

松本えつを（作家・イラストエッセイスト）

曲り角をまがったさきに
なにがあるのかは、わからないの。
でも、きっと
いちばんよいものにちがいないと思うの。

『赤毛のアン』（ルーシー・モード・モンゴメリ 作）より、アンのセリフ

軽く笑えるユーモアを
うまくやり抜く賢さを

「イージュー★ライダー」歌・作詞・作曲：奥田民生

幅広い心を
くだらないアイデアを

The words for

GIRL'S RED

［虹がかかったら、歩き出そう］

GIRL'S RED
[虹がかかったら、歩き出そう]

虹のかけ方を覚えたら、
もうつらいことも、悲しいことも、怖がらなくていい。

思い切りナミダを流す方法も、
泣いたあとに虹をかける方法も、
ちゃんと覚えてきたのだから。

大切なのは、自分で虹を描けるようになっておくこと。

たとえ虹が消えそうになっても、
何度でも自分の手で描き直せるように。
たとえ次の悲しみが訪れても、
また新しい虹を描けるように。

泣かない強さより、虹を描ける強さのほうが尊い。

描けるようになっていれば、
虹の橋は、どこまでも、どこまでも、続くよ。

一緒に渡っていこう。その足で、その虹を。

今日は
残りの人生の
最初の日

映画「アメリカン・ビューティ」より、レスター・バーナムのセリフ

人生は速度を

マハトマ・ガンディー（インドの弁護士・宗教家・政治指導者）

上げるだけが
能ではない。

涙が消えるのならば　僕は今日を歩こう
見慣れた街の景色が　心をただ包んでた

喜び悲しみがまた一つ一つ過ぎてゆく
出会いや別れの中に優しい詩《うた》を見つけたよ

「解り合える」と信じたくても　やけに難しいことだってある
いたずらに過ぎてゆく時さえも　もう二度と戻れないと
今は解っている　だけど

伝えたいことが多くて　僕は空を見上げてる
新しい出来事がまた　胸の奥を締め付けた

君といつか交わした言葉を　その意味を伝えるよ
いくつの「今」を　いくつの「明日」を抱きしめたい
そう生きていたい

誰かが眠りについて　誰かがまた目を覚ます
そうして回る世界を僕らもまた歩いてこう

「涙がきえるなら」歌：いきものがかり
作詞：吉岡聖恵・山下穂尊　作曲：吉岡聖恵・水野良樹　編曲：亀田誠治

これからはじまるあなたの物語
ずっと長く道は続くよ
にじいろの雨降り注げば
空は高鳴る

「にじいろ」歌・作詞・作曲：絢香

泣いてなんかいられないわ
明日が待っているから

「明日の私」歌・作詞・作曲：竹内まりや

夢はあきらめちゃだめ。

とびらをノックしよう。

絵本『アナと雪の女王　夢見るオラフ』より、オラフのセリフ

これからの人生こそ
本当の私らしい人生だ

ナイチンゲール（イギリスの看護師）

夢がかなうチャンスは
きっとくる。

絵本『アナと雪の女王　夢見るオラフ』より、オラフのセリフ

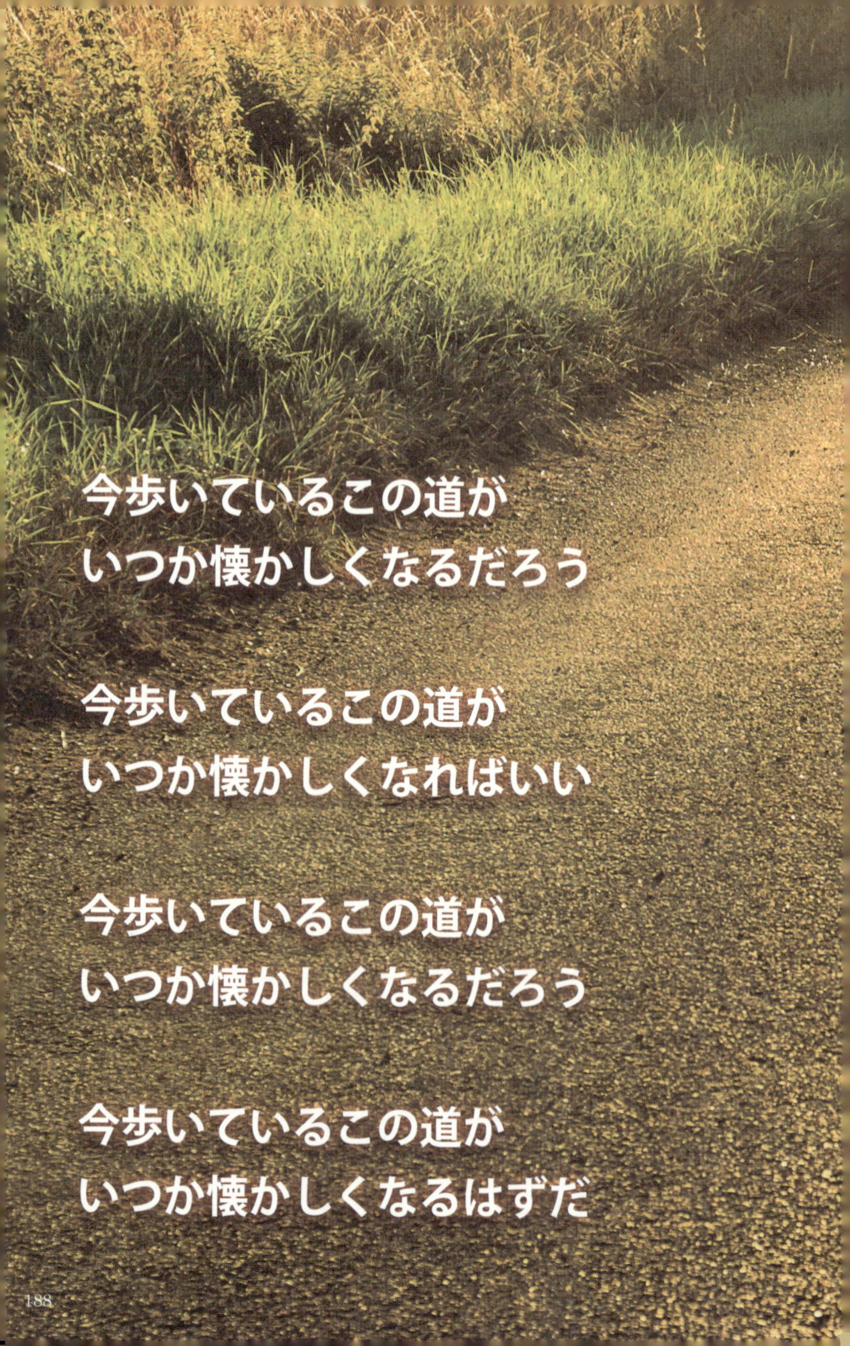

今歩いているこの道が
いつか懐かしくなるだろう

今歩いているこの道が
いつか懐かしくなればいい

今歩いているこの道が
いつか懐かしくなるだろう

今歩いているこの道が
いつか懐かしくなるはずだ

「幸福な朝食　退屈な夕食」歌・作詞・作曲：斉藤和義

参考・引用一覧（書籍・映画・ドラマ・アニメ・楽曲・ホームページ）

［書籍・カタログ・電子書籍 等］

『LESSON』銀色夏生 著［角川書店］

『アイドル処世術　滝川クリステルからモー娘。まで、なめ子の異常な愛情』辛酸なめ子 著［コアマガジン］

『赤毛のアン　―赤毛のアン・シリーズ１―』ルーシー・モード・モンゴメリ 作　村岡花子 訳［新潮社］

『あすは　きっと』ドリス・シュワーリン 文　カレン・ガンダーシーマー 絵　木島始 訳［童話館出版］

『アナと雪の女王　夢見るオラフ』バーバラ・J・ヒックス 文　オルガ・T・モスケーダ 絵　海老根祐子 訳［講談社］

『あまから人生相談』マツコ・デラックス 著［ぶんか社］

『きみが見つける物語　十代のための新名作　スクール編「沈黙」』村上春樹 著［角川書店］

『君のそばで会おう』銀色夏生 著［角川書店］

『君の歳にあの偉人は何を語ったか』真山知幸 著［星海社］

『首のたるみが気になるの』ノーラ・エフロン 著［集英社］

『「声に出してほめたい」人と話してわかった　女性に必要な１２の力』齋藤孝 著［アシェット婦人画報社］

『孤独を生ききる』瀬戸内寂聴 著［光文社］

『コトバのギフト　輝く女性の１００名言』上野陽子 著［講談社］

『雑学　世界の有名人、最期の言葉』レイ・ロビンソン 編［ソニー・マガジンズ］

『シェイクスピア　愛の言葉』小川絵梨子 著［ディスカヴァー・トゥエンティワン］

『自由に至る旅』花村萬月 著［集英社］

『週末、森で』益田ミリ 著［幻冬舎］

『女子の国はいつも内戦』辛酸なめ子 著［河出書房新社］

『新版　ことわざ・名言事典』創元社編集部 編［創元社］

『すーちゃん』益田ミリ 著［幻冬舎］

『ずっとやりたかったことを、やりなさい。②』ジュリア・キャメロン 著［サンマーク出版］

『スヌーピーたちの人生案内』チャールズ・M・シュルツ 著［主婦の友社］

『スヌーピーたちの人生案内２』チャールズ・M・シュルツ 著［主婦の友社］

『スローグッドバイ』石田衣良 著［集英社］

『続　女を磨く　ココ・シャネルの言葉』高野てるみ 著［マガジンハウス］

『地球の穴場　仙人の村から飛行船まで』乃南アサ 著［文藝春秋］

『天才バカボン幸福論。夜のつぎは朝なのだ。』バカ田大学しあわせ研究部 編［主婦の友社］

『はみだす力』スプツニ子！ 著［宝島社］

『パンプルムース！』江國香織 著［講談社］

『フリーダ・カーロ　―痛みこそ、わが真実』クリスティーナ・ビュリュス 著［創元社］

『ポケットに名言を』寺山修司 著［大和書房］

『ぼさぼさ』松本えつを 著［サンクチュアリ出版］

『まるむし帳』さくらももこ 著［集英社］

『ムーミンママの名言集』トーベ・ヤンソン 著［講談社］

［映像作品 等］

映画「アメリカン・ビューティ」サム・メンデス 監督

ドラマ「ラスト♡シンデレラ」中谷まゆみ 脚本［フジテレビ］

[楽曲]

「Brave」歌：ナオト・インティライミ　作詞：ナオト・インティライミ /SHIKATA　作曲：ナオト・インティライミ
「愛について」歌：スガシカオ　作詞：SHIKAO SUGA　作曲：Shikao Suga
「明日に向かって走れ」歌：エレファントカシマシ　作詞・作曲：宮本浩次
「明日の私」歌・作詞・作曲：竹内まりや
「あふれる涙」歌：BEGIN　作詞：沢ちひろ　作曲：BEGIN
「イージュー★ライダー」歌・作詞・作曲：奥田民生
「上を向いて歩こう」歌：坂本九　作詞：永六輔　作曲：中村八大
「幸福な朝食　退屈な夕食」歌・作詞・作曲：斉藤和義
「さよなら大好きな人」歌：花＊花　作詞・作曲：こじまいづみ
「島人ぬ宝」歌・作詞・作曲：BEGIN
「情熱の薔薇」歌：THE BLUE HEARTS　作詞・作曲：甲本ヒロト
「涙がきえるなら」歌：いきものがかり　作詞：吉岡聖恵・山下穂尊　作曲：吉岡聖恵・水野良樹　編曲：亀田誠治
「にじいろ」歌・作詞・作曲：絢香
「ペーパームーン」歌・作詞・作曲：小島麻由美

[ホームページ]

地球の名言　earth-words.org

PHOTO

※本書に掲載されている写真はすべてイメージです。文言とビジュアルに事実関係はありません。

STAFF

編著　ETSUKO　**編集補**　よしや いよこ ／ あした ゆう
デザイン　松本 えつを　**DTP 補**　近藤 雅代志（MK ACT GRAPHIC）
企画・統括　津川 晋一　**発行**　ミライカナイブックス

あなたの「女子コトバ」募集中！

＊「女子コトバ」公式 facebook ページ
www.facebook.com/jyoshikotoba
→「いいね！」をクリックしてください。
→古今東西＆有名無名関わらず、
　あなたの「女子コトバ」を投稿してください。

この本のファンになったら下記もチェック

＊「ミライカナイブックス」公式 facebook ページ
www.facebook.com/miraikanai.co.ltd
→「いいね！」をクリックしてください。
→本書やミライカナイブックスの最新情報を掲載中！

ガールズ・ブルー　　ナミダのあとに虹をかける女子コトバ

2014 年 10 月 30 日　第 1 刷発行

編 著 者	ETSUKO
発 行 者	津川 晋一
発　　行	ミライカナイブックス

〒 104-0054 東京都中央区勝どき 1-8-1-1601
URL：www.miraikanai.com　mail：info@miraikanai.com
TEL 03-6326-6113　FAX 03-6369-4350

印刷・製本　　シナノ書籍印刷株式会社
装　　幀　　　松本 えつを

日本音楽著作権協会（出）許諾第 1413152-401 号
© ETSUKO 2014　Printed in Japan

落丁・乱丁本の場合は、弊社編集部（TEL 03-6326-6113）までご連絡ください。
送料弊社負担にてお取り替えいたします。ISBN はカバーに記載しております。